[美]博恩·崔西（Brian Tracy） 著

赵倩 译

抓住企业赢利的"金钥匙"

MARKETING

中国科学技术出版社
·北京·

Marketing.
Copyright © Brian Tracy, 2014.
Published by arrangement with HarperCollins Leadership, a division of HarperCollins Focus, LLC.
Simplified Chinese translation copyright by China Science and Technology Press Co., Ltd.
All rights reserved.
北京市版权局著作权合同登记　图字：01-2021-2433。

图书在版编目（CIP）数据

市场营销 /（美）博恩·崔西著；赵倩译 . — 北京：中国科学技术出版社，2021.9

书名原文：Marketing—Tracy_mini

ISBN 978-7-5046-9127-9

Ⅰ . ①市… Ⅱ . ①博… ②赵… Ⅲ . ①市场营销学 Ⅳ . ① F713.50

中国版本图书馆 CIP 数据核字（2021）第 171666 号

策划编辑	杜凡如　褚福祎	责任编辑	杜凡如
封面设计	马筱琨	版式设计	蚂蚁设计
责任校对	焦　宁	责任印制	李晓霖

出　　版	中国科学技术出版社
发　　行	中国科学技术出版社有限公司发行部
地　　址	北京市海淀区中关村南大街 16 号
邮　　编	100081
发行电话	010-62173865
传　　真	010-62173081
网　　址	http://www.cspbooks.com.cn

开　　本	787mm×1092mm　1/32
字　　数	52 千字
印　　张	5
版　　次	2021 年 9 月第 1 版
印　　次	2021 年 9 月第 1 次印刷
印　　刷	北京盛通印刷股份有限公司
书　　号	ISBN 978-7-5046-9127-9/F.943
定　　价	59.00 元

（凡购买本社图书，如有缺页、倒页、脱页者，本社发行部负责调换）

前言
PREFACE

企业的成败主要取决于市场营销的成败。邓白氏公司（Dun & Bradstreet）[1]的报告显示，48%的企业失败可归因于收效甚微的营销与销售措施。在这个竞争激烈又复杂多变的经济环境中，市场营销是每一家成功的企业的核心任务。你无论经营哪种业务，都离不开市场营销。

本书以市场营销为主题，内容丰富、实用。你

---

[1] 国际上最著名、历史最悠久的企业资信调查类的信用管理公司。——译者注

可以通过本书了解或重温关于市场营销的二十一个核心观点和多个衍生观点,以此来提升你的战略性市场营销效果。

战略性市场营销是一门艺术,也是一门科学,其内容是企业要明确自己的客户与未来客户的真正需求与购买能力,然后去打造自己的产品或服务,使之满足客户的具体需求。

战略性市场营销的目标是企业以更高的价格在更广阔的地理区域内出售更多产品,同时实现市场的稳定性,获得市场优势与市场主导权。

要进行成功的市场营销,你首先要牢记:客户永远是对的。客户购买产品或服务是出于自己的选择,而不是你的选择。他们是自私又无情的,十分苛刻,而且三心二意,反复无常。但就客户的需求、

渴望与思维方式而言，他们永远是正确的。客户如果认为可以从别处得到更好的产品或服务，就随时会更换供应商。

你能否取得商业上的成功，很大程度上取决于你能否投其所好，使客户认为你能满足他们的需求。

营销是一种技能组合。你要不断将某些观点和概念牢记于心，同时定期提出一些关键问题，这样才能掌握营销技能。如果你能花时间认真思考一下本书提到的问题，你的营销技能将得到极大的提升。

本书最重要的作用是指导你今后怎么做，其价值取决于你所采取的具体行动以及行动的速度。

当你读到或想到一些可以提升营销效果的措施时，请立刻行动起来，不要拖延。紧迫感和高度的执行力是成功的商业人士的必备素质。

目录

CONTENTS

第一章　企业的宗旨　　　　　　　　　　　/ 001

第二章　成功营销的四种方法　　　　　　　/ 007

第三章　关于市场营销的三个关键问题　　　/ 014

第四章　市场调研与市场情报　　　　　　　/ 020

第五章　以客户为中心的营销　　　　　　　/ 028

第六章　人们为什么买单　　　　　　　　　/ 034

第七章　竞争分析　　　　　　　　　　　　/ 044

第八章　获得竞争优势　　　　　　　　　　/ 054

第九章　营销组合　　　　　　　　　　　　/ 062

第十章　定位策略　　　　　　　　　　　　/ 072

第十一章　营销策略的四大原则　　　　　　/ 077

第十二章　选择战场　　　　　　　　　　　/ 086

第十三章　营销策略中的军事原则　　　　　/ 092

第十四章	转移战术与劝阻战术	/ 102
第十五章	"孤注一掷"策略	/ 109
第十六章	"攻其所不守"策略	/ 114
第十七章	利基策略	/ 121
第十八章	提升销量的创新策略	/ 126
第十九章	使用其他销售方法	/ 130
第二十章	资源包概念	/ 138
第二十一章	带来改变的四种方法	/ 142
第二十二章	总结	/ 150

第一章
企业的宗旨

很多人认为，企业的宗旨就是盈利。但是，正如彼得·德鲁克（Peter Drucker）所说，企业真正的宗旨是"获取并留住客户"。一个成功的企业要不遗余力地获取客户。只有以合理的成本有效地获取客户并留住客户，企业才能逐步获得利润。

获取客户的初始成本非常高，而留住客户的成本远低于获取客户的初始成本。你如果研究一下那些营销做得很成功的企业，就会发现他们的营销策略都是以获取客户并留住客户为目标。

质量营销策略

最有效的营销策略或许就是不断完善你的产品或服务（即商品），使其达到较高的质量水平，这也是成功营销的第一个策略。质量营销策略是所有营销策略中最有效的。企业经营成功与否，90%取决于它的商品质量。如果企业能够提供高质量的商品与服务，哪怕定价略高，人们也愿意购买其商品，并且成为回头客。

质量是什么？关于这个话题人们已经讨论了多年。质量管理专家菲利普·克罗斯比（Philip Crosby）曾说："出售商品时，你对产品的效果做出了描述，质量就是产品实际效果与这一描述的符合程度。"

品牌是指你在市场中的声誉，或许将它定义为

第一章 企业的宗旨

"你做出的承诺与兑现的承诺"更合适。为了吸引客户来购买产品或服务,你向客户做出了一定的承诺,而它的质量等级就取决于产品或服务能够兑现多少承诺。

成功营销的第二个基本策略是高品质的服务。哈佛大学的营销策略的利润影响(Profit Impact of Market Strategies,简称PIMS)研究历时多年,最终发现,产品的质量受两个因素的影响,即产品本身与产品出售的方式和所提供的服务。

也就是说,影响产品或服务质量的因素不仅包括产品或服务本身,还包括从初次接触客户开始,到客户使用产品或服务的整个过程中,你对待客户的方式。无论价格如何,那些能够提供高质量的产品或服务的企业总能吸引回头客。

🔑 客户对企业的印象

客户关系也是成功营销的一个关键因素。我们逐渐发现,业务中客户关系质量的好坏决定了我们能否获取和留住大量客户。

有时我会在演讲或培训中问我的听众:"人在做决策时,情感与逻辑分别能发挥多大的作用?"听完几位听众的答案后,我会告诉他们:"人会完全依靠情感。"人们用情感做决定,然后用逻辑来证明决定。人们的感受,尤其是他们认为自己购物后可以获得的感受,决定了他们是否会下单。

詹·卡尔森(Jan Carlzon)曾任北欧航空公司(SAS Airlines)总裁,他将这家公司打造成了欧洲最赚钱的公司之一。他根据自己的经历写了《关键

第一章 企业的宗旨

时刻 MOT》(*Moments of Truth*) 一书。在这本具有开创性的著作中,他指出,与客户接触的每时每刻都是"关键时刻","关键时刻"在很大程度上决定客户是否愿意再次光顾。为了获得新客户,企业要进行一系列的营销、广告、促销与销售活动,其成本大约是维护现有客户所需成本的十倍。因此,企业如果能够对客户高度负责,以此来获取并留住客户,就能获得最大的利润和最快的发展。

🔑 获取客户

所有企业都在忙着获取客户,但无论它们了解与否,这都需要特定的"获取成本"。这或许是关系企业成功与否的最重要的一项成本因素。

获取成本是指以任意形式支付给任何人的用于获取一个新客户的所有费用。在一定的客户购买周期内，如果企业获取客户的成本低于企业从客户身上获得的净利润，企业就能经营下去。

有些企业的销售额达到数百万美元甚至数十亿美元，却仍然亏损，这不由得让我想到了一个古老的笑话："虽然每一次买卖都亏钱，但只要我们卖得足够多，就能弥补亏损。"

企业亏损的主要原因是企业获取一个客户的成本高于该客户所带来的总利润。

如果企业获取客户的成本低于从客户身上获得的净利润，那么企业会不惜成本地获取更多的客户。这是企业成功的秘诀之一，也是有效营销的核心要求。

第 二 章
成功营销的四种方法

有四种方法可以帮助企业将产品或服务快速地推向市场。

🔑 创造效用

第一种营销方法是创造效用,即表明产品或服务的实用性,满足客户的需求,进而取得特定的成果。这种方法需要你向客户提供他们需要的东西,以此实现他们的目标。典型的例子是铲车或卡车,

它们都有实用价值，但未必符合客户的需要。大家应该听过这么一句话："客户想要的永远不是直径五毫米的钻头，而是直径五毫米的钻孔。"

以美国联邦快递（FedEx）公司为例，它是一个以效用价值或客户需求为基础的新兴企业。早在苹果公司（Apple Inc.）为用户提供 iPod（音乐播放器）、iPhone（智能手机）和 iPad（平板电脑）等众多新产品之前，联邦快递公司就创造了一个前所未有的服务，即隔夜快递。普通邮寄的信件和包裹的投递速度非常慢，这使联邦快递公司的创始人弗雷德·史密斯（Fred Smith）看到了人们对隔夜快递服务的巨大需求。

你要充分了解所处的市场环境：客户和潜在客户想要什么？需要什么？在未来的几个月甚至几年

第二章
成功营销的四种方法

内,他们愿意为什么掏钱?正如彼得·德鲁克所说:"趋势就是一切。"你如果能准确回答"在市场中,客户需求的趋势是什么"这一问题,就很有可能会超越竞争对手,甚至开辟一个全新的市场。

🔑 合理定价

第二种营销方法是对出售的产品或服务合理定价。将产品或服务的价格调整到客户可以接受的范围,你就有机会开辟目前尚不存在的市场。在经历了数十年的财务困境后,亨利·福特(Henry Ford)成为全球顶级富豪,其原因就在于他有罕见的洞察力。他发现,提高汽车的生产效率可以降低汽车定价,让大多数美国人都买得起汽车。

市场营销
MARKETING

为了实现这一目标,他彻底改变了制造业和大众消费。

许多企业都靠合理定价,使定价符合客户的购买能力,从而获取市场主导权。我们发现,产品或服务的市场占有率越高,生产成本就越低,定价也就越低。日本人对这一营销方法的运用已非常熟练。一开始,他们会把产品或服务的价格尽量定得很低,以提高其市场占有率;随着市场占有率的扩大,他们开始享受规模经济带来的优势——产品或服务的生产成本降低;随后,凭借节省下来的生产成本,他们能为客户提供更低的价格,再次提高市场占有率;最终,他们占领了更大的市场。

第二章
成功营销的四种方法

🔑 调整核心卖点

第三种营销方法是根据客户的实际情况（包括社会与经济两方面）对产品或服务进行调整。例如，美国西尔斯·罗巴克公司（Sears Roebuck）在商品的邮购目录中增加了一条无条件退款的保证政策，这让它成为当时世界上最大的零售企业。在此之前，如果客户购买的产品（尤其是邮购的产品）无法正常使用或者不适合自己使用，他们只能被迫接受，这是客户购物时的一大障碍。西尔斯·罗巴克公司意识到了这一点，认为要解决这个问题，企业需要根据客户的实际情况对产品或服务的供应进行调整。这一理念带来了一场推销与零售行业的革命。

每种产品或服务都有一个核心卖点，这是客户

购买该产品或服务的主要原因。每种产品或服务也会引发核心担忧，导致客户拒绝购买。例如，客户都惧怕风险，他们害怕买贵，又担心花费金钱还要被迫接受不适合自己使用的产品或服务。无论他们担心的是什么，都会成为阻碍潜在客户购买产品或服务的主要原因。

如果你的产品或服务具有突出的核心卖点，能为客户提供独特的附加价值，同时消除客户心中最大的担忧，那么你的产品或服务就会有广阔的市场。

提供真正价值

第四种营销方法是提供对客户有真正价值的产品或服务。你必须与客户紧密合作，才能发现真正

第二章
成功营销的四种方法

价值。

国际商业机器公司（International Business Machines Corporation，简称IBM）的营销活动就是一个典型的例子。IBM在其鼎盛时期占据了全球80%的电脑市场，就是因为IBM发现，在高科技与高端设备领域，售价几十万或数百万美元的设备，能吸引客户的并不是设备的功能，而是如果设备出现问题客户可以马上获得维修服务的承诺。因此，IBM不仅为客户提供世界一流的电脑产品，还提供了安全保障。客户购买IBM的产品后，产品一旦出现任何故障，都能得到完善、及时的服务支持。这就是对客户有真正价值的东西。

第三章
关于市场营销的三个关键问题

对于市场营销,特别是涉及新的产品或服务时,企业需要思考三个关键问题。通常情况下,无论出于何种原因,当销售额不尽如人意时,企业都可以思考一下这三个问题。令人惊讶的是,在我担任顾问的多家企业中,大多数企业都会思考第一个问题,鲜少有人会提及另外两个。

第三章
关于市场营销的三个关键问题

🔑 产品或服务有没有市场？

这一问题意味着是否真的有人愿意购买你打算在市场上出售的产品或服务。请记住,正如二八定律所言,新产品或服务失败与成功的比率一般是80∶20。也就是说,80%的新产品或服务会失败,它们无法获得可观的市场份额,导致企业亏损、甚至倒闭。

只有20%的新产品或服务能取得成功,即这些新产品或服务能负担生产成本并实现盈利。总体而言,一般每20个产品或服务中会出现1个明星产品或服务,但无论何时,在向市场推出的100种新产品或服务中,只有1种产品或服务会成为畅销款。对于这个问题,你可以参考一下智能手机应用市场。

市场营销
MARKETING

2012 年，美国企业在各类市场调研上的支出超过 80 亿美元。企业进行市场调研，主要是为了研究新的产品或服务是否有市场，哪些客户构成了市场，以及如何定价才能有足够的盈利。尽管企业做了这么多市场调研，但仍有 80% 的新产品或服务在一两年内就遭遇了失败。

如今出现了一种更优化的调研方式，称为"顾客至上"。即每当你设想了一个新的产品或服务时，你立刻给客户打电话（不做问卷调查或组织焦点小组），告诉他自己关于新产品或服务的初步设想，并了解他的看法：他愿意购买吗？他愿意支付多少钱？从对新产品或服务的初步设想的描述中，他发现了哪些缺陷？

通过前期的市场调研得到的客户的坦诚意见，

第三章
关于市场营销的三个关键问题

能帮助你极大地缩短新产品或服务的上市时间,同时降低新产品或服务的生产成本。

🔑 市场规模有多大?

企业要思考的第二个问题是:新产品或服务是否有足够大的市场。但令人惊讶的是,企业竟然很少思考这个问题。此外,企业还需要考虑:能否通过售出足够多的产品或服务,使新产品或服务具有经济价值。

在初步分析中,你要明确产品或服务的生产成本,制定一个能使该产品或服务盈利的价格,特别是要与同样成本的其他产品或服务进行对比。随后你要确定产品或服务一周、一月和一年的销量,以

保证投入的时间和精力能够得到回报。最后，你要确定是否有足够数量的潜在客户，可以在预计的时间范围内购买该产品或服务。

🔑 市场集中吗？

企业要考虑的第三个问题是市场是否足够集中。如果你只是在不同的地方找到了愿意购买产品或服务的人，那就说明市场还不够集中，你的产品或服务可能无法通过现有的广告媒体和市场渠道进入市场。

假如一种新产品或服务的市场交易量是10万件，但该市场分布于北美的10000个城市、城镇和村庄，那么你的产品或服务以何种方式进入市场最为合适？请记住，最重要的是获取客户。在市场分

第三章
关于市场营销的三个关键问题

散的情况下，一旦有人购买你的产品或服务，你的获取成本将成为决定成败的关键因素。

如果你的产品或服务不能通过现有的广告媒体或市场渠道进入市场，即使这个市场再大，也未必适合你的产品或服务。好在我们如今可以借助互联网，以更低的成本进入小范围内的更加专门化的市场。

有人说，互联网是最差的营销渠道，因为接触到你产品或服务的信息的大多数人都对此不感兴趣，他们可能一收到信息就将其删除了。但互联网也是最好的渠道，因为你可以通过它以极低的成本接触数十万甚至上百万的潜在客户，完成所谓的"大海捞针"。

第四章
市场调研与市场情报

营销策略和军事策略有许多相似之处,其目的就是在市场和战场上取胜。所有成功的军事行动都建立在对敌人高度了解的基础之上,所有成功的营销活动也都基于对客户的深入研究与充足的市场情报,即了解你的竞争对手在做什么,市场上正在发生什么。

记住,你不是史蒂夫·乔布斯(Steve Jobs),不能只靠自己的感觉或想法判断顾客要买什么或不买什么。在形成自己的想法与观点时,你需要通过

第四章
市场调研与市场情报

市场调研了解严峻的现实,并听取他人的意见。

🔎 征求他人的意见

如今市场调研的方法多种多样,成本低廉且十分高效。大多数人的首选方案都是通过互联网进行客户调查。我们最爱用的是调查猴子网(Survey Monkey.com),该网站为用户提供免费服务,用户可以将一系列问题组合在一起,向大量受访者发送邮件进行调查,并且能快速准确地获得答案。邮件发送名单包括你的客户和曾经的非客户。

第二种市场调研的方法是上一章曾提到的,直接给你关系密切的客户——"甜心客户"(sweetheart customers)——打电话,询问他们对新产品或服务

构思的意见和建议。你也可以把这些客户召集起来,一起吃午饭,甚至可以在饭后再召开一个会议讨论新产品或服务的构思。他们坦诚的意见和评价,对你来说是无价之宝。

第三种方法也是最古老、最常用的方法之一——组织焦点小组,即召集你的客户或潜在客户,让他们围坐在一起,根据你提出的问题,针对新产品或服务发表看法。这时,他们会讨论产品或服务的优势和不足,并针对定价、包装以及其他因素(包括你的竞争对手)等表达自己的观点。

四个问题

成功的市场调研基于认真的分析、提出正确的

第四章
市场调研与市场情报

问题并得到精确的回答,因此你需要仔细考虑以下四个重要问题。

■ **你的客户是谁?**

现在哪些人在购买你的产品或服务?过去哪些人在购买?未来哪些人可能会购买?他们的年龄、受教育程度、收入水平、当前的喜好或消费模式、职业、家庭结构等情况如何?这些是有关客户的人口统计学数据,是你通过调查可以了解到的要素,也是所有市场调研的起点。

此外,你还需要了解客户的消费心理,包括他们的思想、感情、价值观、需求、希望和梦想等。

■ **你的客户在哪里?**

在你决定何时以及如何营销产品或服务时,了解客户所在的地理位置非常重要。客户主要分布在

城市还是农村？他们居住在一线城市还是三、四线小城市？

黛比·菲尔兹（Debbi Fields）的第一家饼干店以失败告终，原因就在于她对零售营销一无所知，将饼干店建在一条小路旁，离人们必经的主干道有较远距离，因此没有人经过她的饼干店，导致饼干滞销。

后来她开了第二家饼干店，高价租下了一间位于主干道旁的店铺，饼干店前人来人往，更多的人能看到陈列在玻璃柜里的饼干。接下来的事就人尽皆知了，黛比·菲尔兹共开了300多家饼干店，创造了高达5亿美元的财富。

■客户怎样购买你的产品？

你要考虑的第三个问题就是探讨客户通过哪种

第四章 市场调研与市场情报

方式购买产品,是直接邮寄、批发、零售,还是在线购买?

拿破仑·希尔(Napoleon Hill)曾经写道:"永远不要试图通过违背人性来取胜。"他的意思是,人是习惯的动物,人们习惯了用某种方式购买产品或服务后,可能需要花上很长时间,才能养成用另一种方式购买产品或服务的习惯。

当然,也有很多例外,例如亚马逊(Amazon)。现在,人们的生活被工作和家务充斥,空闲时间越来越少,于是人们选择通过亚马逊订购产品或服务,这比亲自去商店采购更加方便、快捷。

■它有什么用?

同时你还要考虑:产品的用途是什么?客户购买了产品或服务后,打算如何使用它?客户购买的

不是产品或服务本身,而是产品或服务所带来的好处、变化、提升或结果,这是他们做出购买决策时内心的期望。因此你必须要清楚与竞争对手相比,自己的产品或服务能给客户带来什么好处。

🔑 一个简单的发现

在我的商业生涯中,我曾经历过各种各样的市场调研。例如,有一次我们从日本进口了铃木(Suzuki)四驱越野车,并在加拿大西部省区的65个零售店进行销售,这些店的销售业绩各不相同,有的经营红火,有的销量惨淡。

面对此种情况,我们聘请了一家市场调研公司,进行了一些"快而不精"的调查,以此找出是谁购

第四章
市场调研与市场情报

买了我们的越野车,以及销量最高的地方在哪里。

这家公司以电话形式访问了数百个买家,结果不出所料,购买这些越野车的客户大多住在山区附近和其他需要驾驶越野车的地区。这种越野车对住在平原地区和城市的人用处不大,因此他们不是潜在客户。

这次市场调研的结果似乎相当合乎逻辑,但直到进行了这次市场调研,我们才意识到它的重要性。根据市场调研结果,我们调整了广告预算、促销活动,以及分配给经销商的越野车数量。不再试图向那些没有购买潜力的客户推销越野车,而是把精力都集中在那些最有可能下单的人身上,此后,我们的销售额猛增。

第五章
以客户为中心的营销

　　成功的市场营销要求企业以客户为中心制定计划和决策。企业的每个人都要时刻以客户为焦点，执着于为客户服务，要积极地与客户沟通、互动，并保持密切联系。为了维持客户满意度，频繁地接触客户并组织市场调研对企业至关重要。

　　巴克·罗杰斯（Buck Rodgers）在担任 IBM 美国营销部副总裁时强调，企业的每个人都必须把自己视为客户服务代表。如果每个人，包括清洁工、货运司机，甚至电话接线员，都能时刻为客户着想，

第五章 以客户为中心的营销

企业就能取得成功。

🔑 对问题负责

关于上述这种态度,我想举一个我印象最深刻的例子。有一次,我为 IBM 组织研讨会,却不清楚第二天召开研讨会的具体地点。当时已经过了正常上班时间,但我还是尝试从美国的西海岸打电话到东海岸,想看看是否能得到答复。IBM 办公室的工作人员接听了电话,倾听了我的问题,并告知会尽快给我答复。

不到十五分钟,他就回电告诉我,已经联系到了研讨会的主办方,找到了我第二天长途飞行后要入住的酒店名称和地址。我向他道谢,说:"我知

道你们已经下班了，看样子你今晚肯定要工作到很晚。"他回答说："是的，今天我值班。"

我非常感谢他的帮助，问他是怎么找到这些信息的。他回答说："在IBM，谁接听电话，谁就要为问题负责。"

始终为客户考虑

有一条形而上学的心理学效应是这样说的："你所关注的东西必然会得到成长发展。"这句话的意思是，当你一直考虑某个东西时，你就越来越能在生活中注意到它的存在。

当你专注于客户的满意度，千方百计地想让他们高兴时，你就能不断发现更好的新方法来实现这

第五章 以客户为中心的营销

个目标。你要牢记自己的企业理念,并下定决心尽可能以最好的方式满足客户的需求。

当你一直想着客户时,客户也会想到你。你只有把客户作为关注焦点,才能找到更快、更好、更便宜、更简单的方法来满足客户需求,客户也会通过经常购买你的产品或服务来回报你。

🔑 餐饮服务

我最喜欢的一家海鲜餐厅是特鲁拉克美国连锁餐厅。第一次去时(此后我去了美国各地的特鲁拉克连锁餐厅),我就注意到它与一般餐厅的差别:他们的服务非常出色。餐厅的每一位员工,从接听电话安排预定的服务员,到收拾餐具、端茶倒水的勤

杂工，在客户服务方面都表现得非常出色。

后来，我向一家特鲁拉克餐厅的经理表达了我的看法，他不好意思地笑着对我说，服务是企业内从总裁到洗碗工的所有人关注的焦点。他们的总裁很早就认识到，总会有其他的海鲜餐厅出现，甚至会出现更加美味的海鲜餐厅，所以他们不能简单地以食物为基础参与竞争，而要靠温暖热情的客户服务，从感情上与客户联结，以此为基础与同行竞争。

优质服务策略

我在本书第一章中提到，要为企业制定一个优质服务策略：与竞争对手相比，你的客户服务怎么能做到更快、更有效、更热情、更以客户为本？做

第五章 以客户为中心的营销

到这一点通常能让你的企业在市场竞争中占据优势。

首先,你需要确定目标市场与理想的目标客户,即你最想吸引的客户;然后可能需要改变市场定位,以吸引理想的目标客户。你要清楚理想的目标客户与其他人相比有哪些不同之处,自己的企业的哪些特质可以吸引并留住这些客户。

第六章
人们为什么买单

人们购买产品或服务用以满足自身的需求。经济学观点认为，人们采取的每一个行动都是因为"感到不满"。由于某种原因，人们对目前的状况感到不满，这种不满使人们内心深处产生动机或动力，人们希望通过某种行为来消除这种不满。可以假想一下，你正坐在大头针上，那种不适会让你立刻动起来以缓解疼痛感，最终使身体达到舒适的状态，而这个过程与大头针本身无关。

第六章
人们为什么买单

🔑 ABC 模式

关于人的动机的阐释有一个 ABC 模式，这三个字母分别代表前因（Antecedents）、行为（Behaviors）和结果（Consequences）。

当人们购买某种产品、服务或采取某种行动时，前因在动机中占据的比例是 15%，这由先前的经验、思想、情感等因素构成。

结果则在人们购买产品、服务或采取某种行动的动机中占据 85% 的比例。

而中间的字母 B 指的是从前因到结果的必要行为。

简单地说，在这个简单的模式中，前因是客户感受到的不满，无论是真实的不满，还是由广告和

促销引起的不满；结果是客户希望通过购买和使用某种产品或服务，提升满足感或愉悦感；行为是客户从 A 到 C 必须采取的行动。

🔑 让客户知道产品或服务效果

无论你的广告或促销活动怎么样，如果人们对你的产品或服务始终无动于衷，那么原因之一就是你的潜在客户看不到你的产品或服务，或不知道购买了你的产品或服务后，他们自身境况会得到怎样的改善。更重要的是，你的潜在客户并不清楚，你的产品或服务能使他们从当前状态达到你所承诺的更好状态，其效果之显著，值得他们付出金钱和精力。

第六章
人们为什么买单

人们购买产品或服务，是为了改善自身的境况——获得更大的满足。当能获得自身提升，而不仅仅是进行了消费时，他们才愿意购买产品或服务。因此，你的营销要强调你的产品或服务如何让客户变得比现在更好，这也是广告和促销活动成功的关键。

🔑 需要解决的问题

人们购买产品或服务，是为了解决问题，因此营销也要从"需要解决的问题"这一角度进行思考：自己的产品或服务能为潜在客户解决什么问题？

人们购买产品或服务，是为了满足自身需求。你的产品或服务能满足潜在客户的哪些需求？

人们购买产品或服务，是为了实现目标。你的

市场营销
MARKETING

产品或服务又能帮助客户实现什么目标?对于客户来说,哪个目标的重要性值得他们为此付出金钱、时间和精力?

人们购买产品或服务,是为了消除痛苦。你的产品或服务能为客户消除哪些痛苦?

🔑 他们感觉如何?

西奥多·莱维特(Theodore Levitt)[1]在哈佛大学期间曾进行的一项研究发现:人们购买的是产品或服务给他们带来的感受。当客户购买了你的产品

---

[1] 现代营销学的奠基人之一,曾担任哈佛商学院教授、《哈佛商业评论》的主编。——译者注

第六章
人们为什么买单

或服务时,他们的感受不在于产品或服务本身,而在于产品或服务引发的情感。

与其他因素相比,在人们购物时,情感因素发挥的作用更大,即人们购买产品或服务是为了获得心理满足。那么,人们购买和使用你的产品或服务后,产生的最重要的情感是什么呢?

正是因为情感因素有如此大的作用,产品的质量、配套服务,尤其是客户关系才格外重要。它们都会使客户对产品或服务产生情感。它们可以给客户带来安全感、舒适、温暖,也可以帮助他们获得地位、威望和改善人际关系。因此,当客户在考虑是否购买你的产品或服务时,他到底期望获得什么样的情感,以及你要如何调整营销策略刺激目标客户产生这种情感至关重要。

🔑 节省时间、金钱还是赚取时间、金钱

人们购买某种产品或服务，借此节省时间、金钱或赚取时间、金钱。从商业结果来说，时间与金钱几乎可以互换。不论人们渴望节省时间或金钱，还是赚取时间或金钱，对一些商业人士来说，这是一种强烈的情感动力，因为他们的成功与安全感都依赖于个人及财务成就。

🔑 渴望获得，惧怕失去

人的所有行为都有两个基本动机：渴望获得，惧怕失去。那么你的产品或服务如何满足这些需求，如何帮助客户获得他们想要的东西，或者避免失去

第六章
人们为什么买单

他们所珍视的东西呢？

客户的需求越基本，对结果的诉求就越简单和直接。生存需要与安全需要是最强大的动力。为了保证生存与安全，人们会坚定地采取一切必需的措施，避免失去安全和保障。如果你的产品或服务可以满足安全需求，例如一个带有烟雾报警器的家庭安全系统，那么你可以选择一个非常简单的卖点"在深夜保证您全家的安全，给您必要的安全感。"类似这样的广告词可以直指问题的核心，触发潜在客户的购买欲望。

如果你出售的产品或服务能满足客户复杂或间接的需求，比如香水或珠宝，那么你的营销策略要更加巧妙。最著名的香水广告大概是以凯瑟琳·德纳芙（Catherine Deneuve）为主角的广告牌和整

版杂志广告,她仿佛在一瓶香奈儿五号(Chanel No.5)香水旁边说:"你值得拥有它!"

🔹 跳出思维定式

1997年,史蒂夫·乔布斯重返濒临破产的苹果公司。他意识到,公司如果现在出售的还是二十多年前的产品,那么就无法发展壮大。他们需要一种突破性的产品,为他们打开一个全新的市场。于是,史蒂夫·乔布斯选择了iPod。

生产iPod需要全新的技术,并改进原有的技术。有了iPod,人们可以将歌曲全部传输到这个口袋大小的设备中进行播放,这将颠覆整个市场。

苹果公司进行了产品研发、与多家大型唱片公

第六章
人们为什么买单

司谈判单曲购买合同、建立 iTunes（苹果公司的一款数字媒体播放应用程序）在线商店等一系列工作，并筹备上市。同时苹果公司一直努力寻找一个简洁的广告语，概括性地向那些从未见过或使用过此类产品的人介绍 iPod 的优势。最后，他们想出了一个突破性的口号："把 1000 首歌装进口袋里。"接下来的事情就尽人皆知了，苹果公司以高达 50% 的毛利润率售出了 5000 万部 iPod。这一产品使苹果公司开始崛起，成为全球最有价值的公司。

你能为你的重点产品或服务设计一个什么样的广告语，达到"把 1000 首歌装进口袋里"这样的效果吗？改变一下吸引客户的方式，就能在一夜之间改变你的营销效果和销量。

第七章

竞争分析

在军事策略中，做任何决策前都要思考和了解敌方动态及可能的动向，我们将其称为"竞争反应"，这是你在激烈的市场竞争中做决策的重要因素。

竞争分析是最重要的工作之一。以此为基础，你才能将产品或服务与所有竞争对手的产品或服务区分开来。因此，你要深入了解竞争对手及其产品或服务的顾客感知利得❶或感知质量❷。

---

❶ 指客户感受到的产品或服务带来的利益。——译者注
❷ 指客户感受到的产品或服务的质量。——译者注

第七章
竞争分析

🔑 明确竞争对手

你首先要知道竞争对手是谁，竞争决定了你的产品或服务的定价、售卖地点、大小、质量与组合，也决定了你的企业的盈利能力。此外，竞争也影响你的成败、销售获利与投资回报。

了解你的竞争对手非常重要。我们可以举一个军事方面的例子：如果你没有深入了解过敌人，并据此在战场上击败过他，你就不可能在战争中取胜。

此外，你也要扪心自问：为什么客户选择从你的竞争对手那里购买产品或服务？竞争对手的产品或服务能为客户带来什么好处？你的竞争对手有哪些优势？你可以采取什么措施抵消他的优势？

客户为什么"变心"？

对于目前正在使用竞争对手的产品或服务的客户，你需要问自己另一个问题："他们为什么要'变心'？"也就是说，客户为什么要抛弃一个他们十分满意的供应商，转而购买你的产品或服务呢？你要用最多二十五个字来回答这个问题。如果你不能快速地给出令人信服的答案，这就意味着你可能还不知道答案是什么。

一般来说，如果一个客户一开始从别的地方买到了令他满意的产品或服务，那么现在至少需要三个理由才能使他更换供应商。从你的产品或服务来说，这三个理由是什么呢？你又如何通过它们吸引潜在客户下单呢？

第七章
竞争分析

进行竞争分析时,最好的一项资源就是询问你的非客户,为什么他们选择你的竞争对手。有时,他们给出的答案可以帮你完善产品或服务,以抵消竞争对手的优势。

你的竞争对手是什么?

这个问题不同于前面所说的"你的竞争对手是谁"。通常情况下,你的竞争对手并不是另一家出售相似产品或服务的企业,而是市场对你的产品或服务的无知:人们不了解你的产品或服务,也不知道这样的产品或服务能给他们带来什么好处。你要做的或许并不是针对竞争对手进行市场营销和广告宣传,而是通过公关、广告和促销来提高市场对你的

产品或服务的认识。

我在美国嘉年华邮轮公司（Carnival Cruise Lines）担任讲师和培训师时，曾问过公司高管："你们的竞争对手是谁？"对这个问题，他们非常清楚：竞争对手并不是其他的邮轮公司，而是人们倾向于在陆上度假的习惯。他们认为，所有的邮轮公司加起来，也只开发了5%的潜在邮轮乘客市场，大多数人更喜欢在陆地上度假；他们真正的竞争对手，就是人们对陆上度假与海上度假的认知差异。

在针对销售人员的演讲中，我向他们指出，80%的客户原本可以从他们那里购买产品，但这些客户却不知道市场上有他们的公司或产品存在。因此，即使你打广告、做促销，也仍然有80%的人不知道你的存在，更不会去购买你的产品或服务。

第七章
竞争分析

🔑 挑战你的假设

针对竞争对手,你做了哪些重要的假设?错误的假设是大多数营销失败的根源。因此,你可以反思一下,自己对竞争对手的假设正确吗?如果假设错误,你会采取哪些不同的措施呢?

十多年前我们生活在 iPhone 与三星 Galaxy(三星智能手机)的时代。2006 年,在这些手机被推出之前,在商业市场上,诺基亚(Nokia)公司曾经占据了 49% 的手机市场份额,而黑莓(BlackBerry)的市场占有率则为 29%。

2007 年 1 月,苹果公司发布了第一代 iPhone,并于 2007 年 6 月发售产品。彼时的诺基亚公司和黑莓公司都犯了一个致命错误,他们认为:"iPhone

只是一个玩具,没有人想要一个能与所有朋友交流、联系,同时还兼备电子邮件、信息和应用程序的设备,它只是昙花一现,我们无须去考虑。"

这两家公司错误地预判了 iPhone 对手机市场的影响,于是都在市场竞争中败下阵来。iPhone 的出现冲击了世界上最大、最赚钱的两个手机品牌,并在五年内将它们摧毁。

你对自己的竞争对手有哪些预判呢?他们现在在做什么,将来可能会做什么呢?

对于竞争对手,我们经常犯的最严重的错误就是没有充分尊重他们。我们低估了他们的才智、韧性,以及他们为了追求市场占有率和利润,而将我们摧毁的欲望。我们要始终认为,竞争对手是充满智慧、能力超群、体贴他人、勇于创新的一群人,

第七章 竞争分析

在争取客户方面,他们和自己考虑的一样。我们永远不能低估他们!

因此,你可以先问问自己:"竞争对手在做什么?"知道他们采取了什么样的营销策略来提升销量与市场份额后,再问问自己,该如何创造性地模仿竞争对手,给潜在客户留下更好的印象。

谁是你的非竞争对手?

竞争分析的最后一项是分析你的非竞争对手。那么,谁是你的非竞争对手呢?他是指那些与你不存在直接竞争关系,但你的客户也会从他那里购买产品或服务的人。有时候,了解你的非竞争对手可以帮你开阔思路,让你看到现在还未出现的市场

机遇。

如今,与非竞争对手建立战略联盟与合资公司是一种强有力的营销手段。你要找的非竞争对手应该是一个成功的供应商,购买他的产品或服务的客户正是自己的目标客户。与他取得联系,并向他提议:如果他能将自己的客户介绍给你,那么你也可以将自己的客户介绍给他。

戴尔公司(Dell)起初主要通过线上和电话形式销售电脑产品。后来,它与沃尔玛(Walmart)结成了战略联盟,销售额增加了数十亿美元,也使戴尔一度成为全球最大的个人电脑制造商。因此,你能针对自己的产品或服务建立什么样的战略联盟,从而实现双赢呢?

伟大的军事家孙子有句名言:"知己知彼,百战

第七章
竞争分析

不殆；不知彼而知己，一胜一负。"

如果你知道自身的产品或服务存在哪些优势与不足，也了解竞争对手的优势、劣势和可能采取的行动或行为，那么你将在营销竞争中无往不胜。

第八章
获得竞争优势

正如前文所述,营销的目的是在客户心中创造"独特的附加价值"。为了生存和发展,企业的产品或服务相对于市场上的其他同类产品或服务来说,必须具备明显的竞争优势。

竞争优势是高销量与高利润的关键。你必须在客户重视的特定方面上出类拔萃,要有底气对客户说:"在这个领域,我们能为你提供更好的产品。"

企业中的每个人都应该明确,与市场上的竞争对手相比,自己的企业和产品或服务在哪些方面具

第八章 获得竞争优势

有优势，为什么具有优势，以及该如何体现这些优势。在一个特定的市场范围，如果不能从某些方面和某种程度上明显优于竞争对手，你只能勉强维持生存。

二八定律

你还记得前文提过的二八定律吗？它可以理解为，无论在何种行业，都由20%的企业赚取市场80%的利润；也就是说，80%的企业只能赚取这个行业里20%的利润。你的目标，以及关注焦点，就是变成这20%的企业，并在未来快速发展。

所有的营销与销售策略都是以差异化为基础的。你要向客户展示自己的产品或服务与市场上其他同

类产品或服务有哪些区别和优势：竞争优势是什么？你能做什么或提供什么，使产品或服务优于竞争对手？你擅长的领域是什么？

曾任美国通用电气公司（General Electric）首席执行官的杰克·韦尔奇（Jack Welch）曾说："你如果没有竞争优势，就不要去竞争。"同样，在这方面，最重要的是做到心中有数。你要清楚自己现在的竞争优势是什么，未来的竞争优势又是什么；你如果想从竞争中脱颖而出，应该具备哪些竞争优势；你如果想在行业中保持销量和利润的遥遥领先，要具备哪些竞争优势；最重要的是，你要做出哪些改变，才能获得和保持竞争优势，从而奠定自己在市场上的绝对优势。

第八章
获得竞争优势

🔑 黑带等级

多年来,我一直在练习空手道,目前已经达到了黑带水平。此前我曾考察过许多空手道流派,最后选择了学习松涛馆空手道(Shotokan Karate)。据我估计,它是全球十大空手道流派之首。

后来我发现了一些有趣的事。每个空手道流派的学生都坚信自己的流派比其他流派好。这种态度似乎也适用于顾客,他们也有完全相同的心态。无论何时,顾客总会购买他们所认为的市场上最适合自己的产品。

在顾客购买产品或服务的那一刻,他们确信,这个产品或服务优于其他任何同类产品或服务,就是他们的最佳选择。这一结论可能有一定的现实基

础，可能是基于广告和促销所产生的认知，也可能受到价格的影响——这对沃尔玛的顾客来说非常重要，还可能是基于其他因素。但是，只有顾客确信，他们的购买选择是通盘考虑后所做出的最佳决定，他们才会买单。

独特性与差异化

让我们再回到独特性与差异化的概念上。你要如何使你的产品从竞争中脱颖而出，并让客户认为，这一款和其他产品或服务相比更适合自己呢？

竞争优势——即客户购买你的产品或服务的原因——是指客户通过购买你的产品或服务所得到的益处、结果或效果，而且无法从你的竞争对手

第八章
获得竞争优势

的产品或服务中充分享受到这样的益处、结果或效果。

要成为市场领导者并赚取丰厚利润,你必须发现并提升自己的独特性,这就是所谓的"独特的销售主张"。你所提出的销售主张能给客户带来利益,且必须是竞争对手无法提供的,这提升了你在同类产品或服务中的吸引力。

独特的销售主张

在你所有的宣传材料中,都应该明确指出这种独特的销售主张。它是所有广告和营销工作的核心,是你要使出浑身解数向潜在客户传递的唯一信息。

要想取得市场营销的成功,你必须不断思考

如何获得和保持可持续的竞争优势，这也是每个成功企业成功的关键。所有获得明显竞争优势并有别于竞争对手的企业，最终都会跻身行业的前20%。

不幸的是，如果没有竞争优势，你的产品或服务同质化严重，那么销售的唯一方法就是降价。那么很快你就会和其他80%的企业一样，通过降价进行逐底竞争。但这样企业几乎赚不到任何利润，它们中的大多数最终将因无法维持经营而面临倒闭。

别让这种事发生在你身上。对你和你的企业来说，最好的营销策略是努力提升产品或服务的质量，使之成为公认的最优秀的产品或服务。一旦获得了这种认可，你就可以以更高的价格和更低的客户获

第八章 获得竞争优势

取成本售出更多的产品或服务。此外你还可以通过口碑营销,获得更多的用户推荐,提高客户的重复购买率。

第九章
营销组合

营销组合就像人们在厨房准备一道特制美食时用到的配方。每种材料都必不可少，并且必须以正确的方式和数量，在正确的时间进行添加，这样做出来的菜品才会美味可口。

营销组合包含七个元素，改变其中任何一个元素都可能给企业带来或大或小的改变。通常，对营销组合中的某个元素稍作调整，就有可能完全改变你的企业，比如会将它从一个小型企业发展成大型企业，或者运气不佳，将一个大型企业变成小型企

第九章 营销组合

业。下面让我按顺序来梳理一下这七个元素。

🔑 产品或服务

营销组合的第一元素是产品或服务,这也是营销的起点。你在卖什么?要回答这个问题,首先要描述你的产品或服务:它是什么?它是如何制造出来的?它能做什么?它有什么用?

其次,你要回答你的产品是什么,即你的产品能"做"什么,从而改变或改善客户的生活。这是你需要回答的最重要的问题,关系到你的营销能否成功。

你该如何回答这个问题呢?但不论答案是什么,它都是你的企业的核心。

🔍 价格

这是营销组合的第二个元素。价格取决于你的产品或服务的生产成本（包括所有直接和间接的费用），在这个基础上，确定你的定价；或者你必须以什么价格出售产品或服务，才能获得足够的利润，保证企业可以合理经营下去。

定价策略合理与否将影响利润的高低。如果企业在一年内逐步将产品或服务的价格提高几个百分点，这就有可能极大地影响企业的最终盈亏。如果在不牺牲产品或服务质量的前提下，小幅度且平稳地降低成本，就可以大幅提高你的盈利。

或许你会发现，一些产品或服务总是不赚钱。

如果如此，你可以在现有的产品或服务中添加

第九章
营销组合

新功能,大幅提高其感知价值和价格;也可以削减产品中客户不需要的特性,降低成本,从而增加利润。

在企业的生命周期中,你必须不断思考和回顾每一个产品或服务的定价策略,任何价格上的微小变化都会导致企业盈利的巨变。

促销

营销组合的第三个元素是促销。这是一个总括性术语,它包括为了使潜在客户了解产品或服务,并说服他们购买你的而不是竞争对手的产品或服务所做的全部努力。

促销是从营销策略开始的。你的客户是谁?你

的客户认为什么是价值？你的产品或服务有哪些其他竞争对手无法提供的重要特性或优势？你如何向客户解释或说服他们为什么应该购买你的产品或服务？这些问题的答案，即你的独特的销售主张，将成为所有广告和促销活动的核心。

🔑 渠道

营销组合的第四个元素是销售产品或服务的渠道。客户决定购买时，要如何（从哪里）获取你的产品或服务？是通过你直接购买，还是通过你的公司或商店？是否要通过邮件寄送？当你的售货地点改变时，产品或服务的销量与盈利也会有明显的变化。

现在亚马逊已成为全球最大的线上零售商之一，

第九章 营销组合

这在很大程度上得益于它的仓库布局,以及由此带来的产品或服务的送货速度。

为了方便客户,提升产品或服务的吸引力,从而提高营业额与重复性交易的次数,应如何调整企业布局和为客户提供产品或服务的方式是个大问题,对企业的成败有重要影响。

🔑 包装

营销组合的第五个元素是包装,主要是指企业的各个方面给潜在客户留下的视觉印象。

人是视觉动物。他们对你的企业、产品或服务的第一印象,95%基于他们的肉眼所见。然后,他们会用大约四秒的时间判断产品或服务是否合格、

是否有可取之处、是否有价值、是否物有所值,是否优于你的竞争对手的产品或服务。在接下来的三十秒内,他们开始利用所谓的"确认性偏差",将自己在最初四秒中形成的视觉印象合理化并加以巩固。

针对这一情况,从现在开始,你该如何改进企业及其产品或服务的所有的包装呢?如何使你的产品、服务、人员或企业的视觉印象更具吸引力?如何改进你的宣传册、印刷资料和网站的外观,使人们只看一眼就能被深深吸引呢?

定位

营销组合的第六个元素是定位。这是当今市场营销的关键要素之一,与其他要素同等重要。定位是

第九章
营销组合

指你的客户与非客户使用了产品或服务后,在你不在场的情况下,发表的关于产品或服务的看法和评价。

美国哈佛商学院的教授西奥多·莱维特认为:"企业最有价值的资产是它的声誉。"

而声誉是指"其他人,特别是客户对你的评价"。

客户如何看待你的企业及其产品或服务?非客户或潜在客户对你的产品或服务又有什么样的认识或看法?你必须知道这些问题的答案,并为获得更高的评价而努力。

人员

营销组合的第七个元素是人员。归根结底,直接向客户出售产品或服务的不是企业,而是企业中

的人。我在销售研讨会上，曾提出一个销售的黄金定律："客户只有相信你是他的朋友，认为你会为他的利益考虑，他才会购买你的产品或服务。"这也是所谓的"关系销售"。

在解释关系销售时，我认为，客户对你的认识——通过人际交往——很大程度上决定了他会购买你的产品或服务还是竞争对手的产品或服务。毕竟，人们只会到喜欢的人或者和自己相似的人那里买东西。

决定企业成败的重要因素，包括你所挑选的与客户进行互动的人，对这些人员的选择必须慎之又慎。你要清楚在企业当中，谁是能决定产品或服务销量的关键人物；当你不在场的时候，谁能给客户留下难忘的印象，左右客户对你的认识和想法。

第九章 营销组合

成功的营销基于正确的营销组合。如果你的产品或服务达不到预期的销量,或者你的企业盈利达不到预期水平,你就需要对营销组合中的一个或多个元素进行调整。同时,你要经常反思并完善这个组合,只有这样才能不断提高产品或服务的销量与营销效果。此外,完善这七个元素的方法也非常多样,下面我将为你一一道来。

第十章
定位策略

定位是营销组合与营销策略中非常重要的一部分。制定定位策略,意味着在市场竞争中,你要不断发展自己的企业,使它有别于且优于竞争对手。

你希望客户如何看待你的产品、服务与企业?你希望他们如何评价你的企业和产品或服务?你希望他们如何向别人介绍你?如果有人致电你的客户,请他推荐产品或服务,你希望他如何评价你的产品或服务?最重要的是,怎样才能给客户留下完美的印象?

第十章 定位策略

🔑 用哪些词语描述你？

当客户向他人描述你的企业及其产品或服务时，他所使用的词语就反映了你的企业及其产品或服务的市场定位。当有人提及你的企业名称、产品或服务时，或者当客户某一天想起它们时，客户就会想到这些词语。

客户认为哪些词语符合你的企业及其产品或服务的特征？在客户心中留下哪些词语将对你的企业及其产品或服务产生积极的影响？什么样的词语会让客户更加愿意购买你的产品或服务，并将其推荐给他的朋友？这些问题的答案不能听之任之，它们决定着你的企业成败。

市场营销 MARKETING

🔑 营销的经典著作

阿尔·里斯（Al Ries）与杰克·特劳特（Jack Trout）多年前曾出版著作《定位：争夺用户心智的战争》（*Positioning: The Battle for Your Mind*），这本书如今已成为商业人士必读的经典著作——即使他们在阅读时会产生退缩之情。阿尔·里斯与杰克·特劳特的发现也被大多数人视为现代营销成功的重要特征。

你可以和你的关键人物坐下来谈谈，问问他们："当别人提到我们时，我们希望他使用哪些词语来描述？"然后再问："从今天开始，我们应该怎么做，才能在交易时给客户留下一个印象，从而触发他的大脑产生这些词语？"

第十章 定位策略

🔑 不留纰漏

山姆·沃尔顿（Sam Walton）曾是世界首富，名下资产超过一千亿美元。他年轻时曾在美国阿肯色州的本顿维尔开了一家折扣服装店，并秉持一个简单的理念，希望他的商店能给人们留下这样一个印象：体贴顾客、价格公道、质量上乘。不是定价最低，而是物美价廉。久而久之，他成功地树立了这样的形象，使沃尔玛逐渐成为历史上最大的零售企业。

你想树立什么样的形象？客户对你的企业、产品或服务的认识将为你带来哪些帮助？你希望自己以什么领先，是质量、服务，还是价格？你希望人们如何看待你和你的企业？请从这个角度展开思考，

从现在开始,你该如何做才能在人们心中树立这样的形象。

IBM给人的印象是,它能提供全球顶尖的客户服务。这种形象深入人心,甚至连那些对IBM不甚了解的人都会告诉你,IBM能提供出色的客户服务。

只有在企业内部进行根本性的重大变革,才能打造企业的外部形象。换言之,企业无法维持一种虚假的形象。客户感知到的必须是企业内部组织和价值观的真实体现,这样的形象才能持久。而每一次的客户感知都建立在你对待客户的方式上。

所以我要再问一遍:你要如何给产品或服务定位,使它在同类产品或服务中脱颖而出?怎样才能让人们知道,与竞争对手相比,你的产品或服务更好、更值得购买?

第十一章
营销策略的四大原则

所有的商业战略都是营销策略。能否吸引潜在客户,将决定企业的成败。你有责任为企业做出关键性的战略决策,这重点要考虑以下四个方面。

🔑 专业化

这是需要你投入全部精力的地方,包括产品、服务、客户、市场或技术领域。这也将成为你的营销、销售和其他商业活动的驱动力。

市场营销
MARKETING

你可以专营某一种产品，专注于为客户提供这类产品的独特附加价值，使它比竞争对手的同类产品更好、更快、更便宜、更高级。

同样地，如果你是服务驱动型企业，也可以将重点放在专业化上。你可以向特定的市场提供特定的服务，集中精力打造同类中最优质、最价廉、最方便且最有吸引力的服务。

如果你是一家客户驱动型企业，你就要将重点放在定位目标客户上。例如，沃尔玛关注的是那些"月光族"，山姆·沃尔顿的初衷就是向美国的消费者及后续市场的绝大多数消费者提供物美价廉的产品。

你可以瞄准一个特定的市场，将它作为你的专业化领域。这个市场可以是本地的、全州的、全国

第十一章
营销策略的四大原则

的，甚至是国际的。但是，当选择了一个特定市场后，你要将精力集中于这一区域，为客户提供比同区域内的其他同类产品更有价值的产品。

你也可以专攻技术，或者你的企业独有的某种能力。许多企业有专门的分销渠道，例如安利（Amway）、雅芳（Avon）或康宝莱（Herbalife）等。

差异化

这是营销的中心，也是决定企业成败的主要原因。差异化将你与向同一客户销售相似产品或服务的竞争对手区分开来。

你可以想象一下，如果你的所有竞争对手突然从市场上消失，你成为某种产品或服务的唯一供应

商,这对你的产品或服务的销量和盈利将产生什么样的影响?我猜,这会使你成为即使不是全世界,也是行业内最成功、最赚钱的一家企业。

那么问题来了:你该如何扩大你与竞争对手的差异,使客户认为你是他在当今市场上购买这种产品或服务的"唯一选择"呢?

🔑 市场细分

当今的许多营销专家都认为,未来的市场营销完全依赖于你对市场准确细分的能力。每年都有数十亿美元的资金花在市场调研上,其主要目的是在与同类企业的竞争中,准确定位你的产品或服务的目标客户。

第十一章
营销策略的四大原则

但问题是：哪些客户最了解你的专业化领域以及你的独特性或优势？哪些客户又最需要你所具备的这些特性和优势呢？

你会怎么描述你的理想的目标客户？谁是你的目标客户？在你调整产品或服务，使其具备独特的附加价值之后，哪些客户最有可能因此购买你的产品或服务？

要想回答这些问题，你首先要从人口统计数据开始分析：你的理想的目标客户处于哪个年龄段？性别是什么？收入水平如何？受教育程度如何？从事什么职业？这些客户住在哪里？在哪里工作？家庭状况或家庭结构如何？

而描述理想的目标客户的第二步可能更加重要，那就是所谓的"消费心理"。你的理想的目标

客户可能会购买你的产品，也可能购买其他人的产品，抑或什么都不买，这主要受他的内心活动的影响。

因此，你要清楚你的理想的目标客户主要有哪些目标？他出于何种欲望、需求与动机而做出购买决定？通过你的产品或服务，他能实现哪些希望、梦想或抱负？

同时，你也要知道你的产品或服务能够帮助客户消除哪些恐惧、怀疑或焦虑？或者客户内心存在哪些恐惧、怀疑或焦虑，导致他们拒绝购买你的产品或服务？

还需要你特别注意的是，你的产品或服务能为你的理想的目标客户解决生活中的哪些问题？能满足他的哪些需要？能帮助他实现哪些目标？消除哪

第十一章 营销策略的四大原则

些痛苦?

🔑 集中化

这是营销策略的第四大支柱,你在实现了专业化、差异化与市场细分之后,自然会面临集中化的问题。你知道自己能提供什么,不能提供什么;也知道人们为什么购买你的而不是别人的产品或服务;你为产品或服务找到了理想的目标客户。现在,你需要做的就是将精力全部集中在特定时间段内会购买你的产品或服务的客户身上,对此你要思考以下问题。

哪种方式能够最有效地让你向理想的目标客户进行宣传并与之交流?哪些媒介可以使你以尽可能

低的成本与最大数量的潜在客户进行沟通？最重要的是，哪些宣传方式能最有效地让客户迅速，甚至瞬间产生购买欲望？

你的营销计划

将营销组合的七个元素与营销策略的四个元素结合，你将得到一个富有成效的营销计划。

这样的营销计划有以下两个优点。一方面，它能稳定地吸引一定数量的潜在客户去访问你的网站或营业场所。另一方面，营销计划再三强调独特的销售主张，即不断向客户传达你能向他们提供的"独特的附加价值"，正是这样的附加价值，才能使你的产品或服务成为客户最佳且唯一的选择。

第十一章
营销策略的四大原则

在竞争异常激烈的市场中,市场营销也变得极端复杂,但同时也非常简单,就是确定你的理想的目标客户,明确他们的需要。然后想方设法,以比竞争对手更好、更快、更价廉的方式满足这些客户的需要。

第十二章
选择战场

你的销售与营销策略意味着你要选择与谁、在什么样的基础上展开竞争。

如果你决定改变产品、市场,以及你的产品或服务所面向的客户,你的竞争对手就会随之改变。就像一个国家被其他国家包围,当它决定开战时,攻击方向将决定它的全部计划。

第十二章 选择战场

改换客户，改换对手

仍以史蒂夫·乔布斯或 iPhone 为例。苹果公司曾决定进军自己此前从未涉足过的全新的技术与创新领域。它看准时机，制造出完全不同于市场已有产品的智能触摸屏手机，并引进新技术，提高手机的质量与用户使用的愉悦感，把诺基亚、黑莓或索尼爱立信（Sony Ericsson）生产的手机远远甩在了后面。

选择市场时，你首先要考虑客户。在未来，现在的这些客户将产生哪些要求或需求？你该如何研发或调整技术，满足未来客户的需求？所有的营销计划都要从客户开始，你要做的就是取悦客户。

也许你决定改换客户，进军另一个还没有受到

竞争对手重视的市场。当你选择了新的客户,或者向现在与未来的客户提供新的产品或服务时,你就彻底改变了你的营销战场的性质,也改变了企业的未来。

优势和劣势

你可以问问自己:"在现有市场以及未来将进军的市场上,我的对手有哪些优势和劣势?"

黑莓的优势在于它的产品在商业人士中大受欢迎;劣势在于它对自身优势过分自信,而忽略了技术创新。结果,在苹果推出 iPhone 与三星推出 Galaxy 之后,黑莓遭到巨大的打击,短短五年就从行业领军者走向了衰败。如果黑莓公司的领导者在

第十二章
选择战场

用奖金和股息自我奖励的同时，能投入时间和金钱悉心研究和改进产品，结局将有所不同。

那么，你的竞争对手具备什么样的优势和劣势？你要如何使他的优势最小化，同时利用他的劣势？他的优势和劣势能在哪些方面成为你的市场机遇（而其他人尚未察觉）呢？

同时，你要找到自身的优势，并想办法弥补自己相对于竞争对手的不足之处。

你也可以想一想竞争对手的反应，即他为了维持自己的销量、收益与客户而采取的必要行动。当你决定向市场推出一种新产品或服务，或者将现有的产品或服务推向一个新的市场，或者提高你的广告预算以提升市场占有率的时候，你的竞争对手可能会采取哪些行动？他们肯定不会像黑莓公司那样

坐以待毙，任由你侵占他们的市场。

🛡 保护你的资源

皮洛士（Pyrrhus）领导的希腊与罗马之战是历史上最著名的战争之一。战役最后，皮洛士的军队打败了罗马人，但他也损失了近一半的兵力。

当有人祝贺他战胜了罗马人时，他说出了那句在历史上被多次引用的名言："如果再来一次这样的胜利，谁也不能跟我回国了。"

第二年，罗马人卷土重来，战争再次爆发。但皮洛士的军队在第一次战役的胜利中损失惨重，致使他完全无力抗衡兵强马壮的罗马军队，结果不仅王国覆灭，他本人也在战争中丧命。

第十二章
选择战场

在商界,我们一定要避免"皮洛士式胜利"。不能为了一点市场优势而付出巨大的代价,否则得不偿失。

改变你的产品与竞争对手

当你的企业做出改变时,你的竞争对手也会做出改变;同样地,当竞争对手发生变化时,你的企业也要做出改变。记住,竞争对手的行动与反应将决定你的发展、市场占有率与利润。作为优秀的战略规划师,你必须仔细研究对手,明确当自己进军新市场或推出新产品与服务时,竞争对手们会做何反应。此外,还要明确面对新的竞争对手时,你还能否占有大量的市场份额。

第十三章
营销策略中的军事原则

作为商业人士,你要具备的最重要的能力是从思想上超越你的竞争对手。大脑中储备的每个想法都会成为你的优势,帮你变换思维,超越他人。以下是营销策略中的七条关键原则,它们能帮你提升营销效果。

🔑 目标原则

这是营销策略的起点,可能也是人生策略中最

第十三章
营销策略中的军事原则

重要的一部分。前文讲到,关系到企业成败的一个重要词语是"心中有数",它要求你必须明确自己每一次的营销目标。

你要把想法明确呈现出来,可以将其写在纸上,包括为你的计划与企业树立明确的目标,确定营销活动需要的成本与资源,以及你希望取得的财务成果等。为自己施压,衡量自己,设定基准,以此来对比你的业绩。记住,"你无法击中看不见的目标,考核才能出业绩"。

明确地描述你的营销目标,并附上数字与日期。然后,继续为"实现目标"而努力,不断提高你的业绩。

市场营销
MARKETING

🔑 进攻原则

拿破仑·波拿马说过:"任何伟大的战役都不是靠防守取胜的。"要取得市场营销的成功,你必须学会"连续进攻",必须不断尝试新事物,摒弃过时的旧思想。

在市场营销方面,你尝试实践了多少新想法,这可能直接关系到你能否找到向客户展示产品或服务的理想方法,从而让你的电话或刷卡机频频作响。

警惕舒适区的诱惑。很多人利用某种营销方法取得了一点点成绩,便立刻爱上了这种方法,于是拒绝改变。你千万不能这样做!你必须不断地想方设法,提升营销效果。实现这个目标的方法不止一种,你要想办法找到它们。

第十三章
营销策略中的军事原则

🔑 集中原则

要在战争中取胜,需要集中兵力攻打敌人的弱点。市场营销也是如此,你要将"火力"集中到最有吸引力的广告词上,并用它瞄准你的目标客户,这才是取得成功的关键。

🔑 谋略原则

在军事上,"谋略"一词指迅速行动,并愿意尝试不同形式的进攻方法。在市场营销中,谋略指的是创造性与创新性——通过更好、更快、更有吸引力的方式与客户交流,让他们考虑购买自己的产品或服务。

你可以采用"归零思考法"。即思考这样一个问题：就目前的结果来说，如果重新开始，你不会再采用哪些营销措施？

对自己要严格要求。要敢于摒弃曾经有效，但已不适于现在市场的营销方法和技巧。

有个好方法可以提升你在市场营销中的创造力，那就是找出最成功的竞争对手和非竞争对手，研究他们的广告与推销措施，你会惊讶地发现，不断学习这些成功案例会让你获益匪浅。我曾为一家大型机构撰写过广告，当时花费了大量时间研究历史上最成功的广告，以及最成功的广告经理和文案，这也让我受益颇多。

第十三章
营销策略中的军事原则

🔵 协同原则

在军事上,"协同"意味着所有兵力协调合作,一起向敌人发起进攻;在商界,协同就是指团队合作;在市场营销中,协同是指你与参与营销的所有人(从最初的产品或服务的研发人员,到销售人员以及负责售后的客户服务代表等)紧密合作。

阿尔弗雷德·P. 斯隆(Alfred P. Sloan)是一位出色的职业经理人,他将通用汽车公司(General Motors)发展成全球最大的企业之一。当时,他每个月都会从办公室"消失"一周,没有人知道他去了哪里,而他自己对此也闭口不言。

后来,人们发现,阿尔弗雷德·斯隆"消失"

的那段时间是从美国底特律驱车数百英里❶，前往通用汽车的一家经销店工作，他在那里与客户交谈，听取他们对通用汽车当前产品的评价和意见；充分了解情况后，他会回到办公室。与其他管理者相比，阿尔弗雷德·斯隆掌握了更丰富的信息，能够指导公司在产品设计和营销方面做出更好的决策。

在考虑团队合作时，你一定要将客户包含其中。经常邀请客户针对你的产品或服务做出反馈，咨询他们的想法和感受。我一而再，再而三地讲过这一点："如果你能多向客户提问，听取他们的答案，他们就能为你带来财富。"

你要努力让企业中每一个能接触到客户的人都

---

❶ 1英里=1.609千米。——译者注

第十三章
营销策略中的军事原则

参与到团队合作中,不断听取反馈,帮助你更加高效地与客户进行沟通。有时候,某个人的一个想法就有可能改变你的营销结果。

🔑 出其不意原则

在军事上,一切伟大的胜利都是由于出其不意。例如,在第二次世界大战中,德军以为同盟国军队(简称"盟军")会在法国加来登陆,沿加来海峡进攻,结果他们却在法国诺曼底登陆并发动攻击。而当人们都以为德军会向更远的北部发动袭击时,他们却突击了位于法国东北部的阿登高地森林。

又如,苹果公司在全球市场推出的新款 iPhone 手机,令诺基亚和黑莓措手不及,最终导致他们在

手机市场上一败涂地。

那么，你有什么样的营销策略，能让你的竞争对手大吃一惊呢？你能用什么样的广告词或促销手段，吸引大量的潜在客户购买你的产品或服务呢？

乘胜追击原则

在军事上，这一策略是指取得一定的突破后，要全力以赴地继续追击敌人。在市场营销中，乘胜追击的含义是当你凭借优秀的营销广告或营销方法，在市场上取得突破性进展时，你要充分利用这个大好形势。

你如果通过一个营销广告取得了非凡的成果，那么要充分利用这个新的市场位置，尽快使你的营

第十三章
营销策略中的军事原则

销成果见效，使销量翻一番、翻两番。请记住，你的竞争对手马上就会做出反击，所以你取得成功或突破时，不要浪费任何时间。

你要将自己想象成指挥"营销军队"的将军，不断思考如何部署资源和调整资源部署，这样才能在"营销战"中取得胜利。

第十四章
转移战术与劝阻战术

你要如何利用自身优势在市场上占据有利位置呢?如果你想出售一种优质的产品或服务,并从中看到了巨大的盈利空间,那么你必须确保竞争对手对此一无所知,保证他不会乘势而入与你争夺客户。

经济学中有一条定律:只要有"高于市场平均值的利润",竞争对手就会冲进市场,推广他们的产品或服务。例如,当房地产市场开始繁荣发展时,企业家们不约而同地涌入市场,争先恐后地开始开发房地产。于是,房地产市场很快达到饱和的状态,

第十四章
转移战术与劝阻战术

曾经吸引了众多竞争者的高价也变成了低价，迫使很多人退出了市场。

🔑 不要引人注意

只要你的竞争对手认为某个市场能创造出高于平均值的利润，他们就会进入。你能做的就是转移他们的注意力，避免他们知道你的潜在的或真正的盈利情况，这能使你在市场上拥有更加长远的优势。

如果有竞争对手或身份不明的人询问生意进展，你可以告诉他，这是一场持久战，"现在市场真的很不景气，每分钱都来之不易"。

🔑 显得微不足道

当你进入一个利润可能十分丰厚的市场时，第一个策略就是不要过分引人注意。尽量显得微不足道，让人感觉你在追求一个非常小的细分市场。

我不知道苹果公司在推出 iPhone 时是否用过这个策略。但当时它的竞争对手很可能忽视了 iPhone 和苹果的营销活动，等他们注意到的时候，已经来不及了。第二个策略是，当你获得丰厚的利润后，不要大张旗鼓地宣布或吹嘘自己的成功，除非你已经将竞争对手远远地甩在身后，他们永远也追不上你。请记住，不要招惹虎视眈眈的竞争对手，那是自找麻烦。

对此，很多企业都会采取的一个策略是，先确

第十四章
转移战术与劝阻战术

立自己在市场上的地位,然后宣称自己已经足够强大,能够在市场上屹立不倒,竞争对手应该另谋出路。这种策略有时能成功,但有时也会失败。但是,当竞争对手认为你已经占领了某种产品或服务的整个市场后,为了销量和盈利,他们往往会另寻市场。

对你的计划保密

你要学会保密,特别是准备推出新产品,或者看到巨大的市场机遇时。在你发布产品之前,尽可能地保密,例如,在 iPod、iPhone 和 iPad 发布之前,苹果公司都采取了近乎强制的保密手段。这些产品上市后,几个月内就卖出了数百万台。

苹果公司凭借在推出新产品之前对内部信息的

严格控制和保护,从而在市场上抢占了先机,巩固了业内的地位。

同样,以军事策略为例。不让对手看到你"在集结军队",这是拿破仑·波拿马实行的策略。通过秘密集结兵力,他赢得了一场又一场重大战役的胜利,成就了他漫长且成功的军事生涯。

拿破仑·波拿马会故意将他的各支军队分散在不同的地方,当他开始为大战做准备时,会秘密召集所有的军队集合到一个地方,准备战斗。通常情况下,他能在24小时或48小时内将军队整编起来,这一点大大出乎敌人的预料。在准备就绪、发动全军之前,拿破仑·波拿马一直隐藏自己的实力,而战争爆发后,他总能在兵力上占据优势,这种策略让他在欧洲几乎战无不胜。

第十四章
转移战术与劝阻战术

你也应该如此,对新产品或服务的研发保密,要像往常一样处理事务。对新产品保密,这样竞争对手就不知道你将要做什么。在军事上,"出其不意"是一条重要策略,也能帮助你在市场上赢得巨大胜利。

转移对手的注意力

想办法将竞争对手的注意力从你的主要产品、服务和市场上移开。如果你既有高收益的产品,也有低收益的产品,当别人问你生意怎么样时,你可以将他们的注意力转移到那些量大而利薄的产品上。这样一来,你的竞争对手会认为这就是市场,应该向这里倾注精力。引导你的竞争对手去追逐那些对

你来说收益最低的市场，而不要泄露对你来说最赚钱的产品领域，这是营销策略的关键。

许多企业喜欢自吹自擂，炫耀自己取得的成功。他们把为自己带来丰厚收益的市场大声宣扬出去，不断引诱着竞争者，引得他们带着自己的产品或服务冲入这些市场。即使对手的竞争力不如你，最终也会降低你的销量、利润和市场占有率。这就是其他竞争对手被吸引进你的市场后将会产生的后果。

第十五章
"孤注一掷"策略

内森·贝德福德·福里斯特（Nathan Bedford Forrest）是一位极富争议的指挥官，在美国独立战争期间，他运用非常规的作战方法，帮助南方军取得了一系列前所未有的胜利。他最喜欢用的战术是"孤注一掷"。

他认为，如果一个将军能在敌人不知情的情况下，将他的全部兵力同时集中到一个地方，那么他就具有了获胜的优势。他通过四处转移兵力来迷惑敌人，然后在关键时刻将全部兵力召集起来，每一

次都能打败北方军。

在市场营销中,这一策略的含义是你要全力开发一种优秀的产品或服务,在竞争对手尚未察觉的时候突然将它推向市场。

这一策略的目标直指市场领导者,能够让你迅速成为细分市场的领头羊。实施这个策略可能会面临较高的风险,但也有可能带来极高的利润。

如果新的产品或服务具备明显的竞争优势或独特性,即它不同于当前市场上的其他产品或服务,那么这种"孤注一掷"的策略最适合它。遵循这一策略中的两大原则,即出其不意与乘胜追击,你能立刻获得市场优势。

第十五章 "孤注一掷"策略

🔑 出其不意原则

如本书第十三章所述，在战争中，出其不意是指采取敌人始料未及的行动。在商界，这一原则可以有多种多样的实践方式。例如，将你的产品或服务进行组合，形成新的、更有价值的产品或服务；或者将你的产品或服务分解，使它符合更多客户的购买能力。有时，企业会彻底放弃一个市场，将全部资源集中到另一个市场，以此来争取优势。这就相当于，福里斯特将军把他的部队全部转移到一个令人意想不到的地方。

然而，很多领导者并不重视此原则，因为在他们的企业文化氛围中，任何冒险的举动都会受到惩罚。因此，如果你不允许管理者或雇员失败，他们

就会害怕尝试新事物,那么你的企业很难出其不意地打击竞争对手。

🔑 乘胜追击原则

正如前文所述,乘胜追击原则就是指充分利用你所取得的胜利局面。优秀的军事领导者可以充分利用任何突破性的进展或优势,抓住这一良机,投入全部资源,从而获得决定性的胜利。这一方法也适用于商界:当你取得突破性的进展后,无论是向新客户追加销售,还是在成功推出产品后启动新产品的研发计划,都要立刻采取相应的后续行动。

第十五章 "孤注一掷"策略

🔑 苹果公司的策略

苹果公司就是运用"攻其不备"策略取得成功的范例。每次发布新产品或更新现有产品之前,苹果公司都会在市场上营造悬念,让全世界的人翘首以盼。然后,他在一夜之间将新产品推向全球。通过这种策略,苹果 iPhone 5S 与 iPhone 5C 两款机型都在发布 72 小时内的销量超过了 900 万部,销售额达几十亿美元,极大地打击了主要竞争对手的气势。

你要怎样运用"攻其不备"策略,在一夜之间将你的新产品或服务推向整个市场?如果你的竞争对手正虎视眈眈,你该怎样智取?

第十六章
"攻其所不守"策略

这一策略也叫"填补空白"。调查一下你的市场,如果能发现一种目前尚未有人提供的产品或服务,那这就是"市场上现在有什么"与"你能为市场带来什么"之间的空白。

达美乐比萨(Domino's Pizza)问世时,市场上已经有数千家能够为顾客提供比萨及其菜品的比萨店,包括第一家达美乐比萨所在的区域。

而达美乐的创始人汤姆·莫纳根(Tom Monaghan)发现,当顾客订购比萨时,对他们而言,配送

第十六章 "攻其所不守"策略

速度比比萨质量更重要。当一位顾客打电话订购比萨时，他已经饥饿难耐，想尽快吃到比萨。于是汤姆·莫纳根填补了这一空白——在 30 分钟内将比萨送到顾客手中。此后，他调整了比萨的整个生产流程，从而实现了这一目标。

如今，达美乐比萨餐厅遍布世界各地，资产接近 20 亿美元的汤姆·莫纳根也早已退休。达美乐比萨发现并填补了一个显而易见，却被其他竞争对手忽略了的市场空白，从而取得了不错的成绩。

更好、更快、更便宜

如果现有的市场还不存在某种产品或服务，你要想办法将你的新产品或服务推广到这个市场上，

但它必须有与众不同且出人意料的优势。你可以模仿竞争对手的产品，但你要比他做得更好。通过创造性的模仿，你可以将竞争对手正在做的东西加以改进，从而在市场认知上取得领先。

另一个"攻其所不守"的例子是牙膏产业。面对激烈的竞争，一家牙膏企业在产品中添加了预防牙菌斑的成分，于是，几乎一夜之间其他普通牙膏都成了二流产品。

很快，高露洁公司（Colgate）在牙膏中添加了美白成分，这一前所未有的创举也立刻使其竞争对手的产品沦为了二流产品。

想象一下，如果你去商场为自己和家人挑选牙膏，面对普通牙膏、预防牙菌斑的牙膏和含美白成分的牙膏，你会选择哪一种呢？后来，另一家企业

第十六章 "攻其所不守"策略

推出了一种既能预防牙菌斑,又有美白功效的牙膏,市场竞争又开始了。

🔑 对产品重新定位

你也可以通过完善产品,并对它进行重新定位,以此来"攻其所不守"。多年以来,饮料公司七喜(7-Up)一直与可口可乐公司(The Coca-Cola Company)和百事可乐公司(Pepsi)进行着艰难的竞争;后来七喜公司彻底改变了策略,将自己定位为"非可乐"。它不再与可口可乐公司和百事可乐公司进行竞争,而是强调其产品不同于深色的可乐,是一种柑橘口味的浅色汽水。

对产品重新定位之后,短短几年,七喜公司在

饮料市场的占有率就从 14% 提高到 20%，销售额与利润增加了数亿美元。

🔑 比竞争对手做得更多

另一条通过重新定位而打出的著名广告语，来自美国安飞士租车公司（Avis）。它在挑战美国租车行业排名第一的赫兹租车公司（Hertz）时，打出了"我们是第二名，所以我们更努力！"的广告语。

这条广告语不仅能吸引那些想给劣势者一次机会的潜在客户，还能使客户认为，如果安飞士想要赶超赫兹而"更努力"，那么他们或许能享受到更好的服务。在此广告语的推动下，安飞士的营业额不断提高，最终成为美国汽车租赁市场排名第二的公

第十六章
"攻其所不守"策略

司，这对安飞士来说是史无前例的成绩。

另一种"攻其所不守"的方法是为你的产品或服务增加一些新内容，使它不同于已有产品，从而将你与竞争对手区别开来。给产品增加一个配件，或者提供一项额外服务，也许就能提高此产品或服务的价值与吸引力，改变客户对你的企业的看法。

🔑 提供新东西

苹果公司推出 iPhone 时，也进行了颠覆性的变革。在此之前，苹果公司的盈利策略是保留全部技术的所有权；后来，公司开放了架构，允许人们开发适用于 iPhone 的应用程序，几个月内，新的应用程序像雨后春笋般冒了出来。如今已有几十万个应

用程序可用于 iPhone，这个数量超过市场上用于其他智能手机的应用程序，很多应用程序开发者也借此成为千万甚至亿万富豪。

如今，仍有一百多万个企业家在孤军奋战或与他人协同合作，为 iPhone 和安卓手机开发下一个"杀手级应用程序"（killer App）❶，希望用新的服务填补"空白"，从而获得巨大的使用率，为企业创造财富。

---

❶ 计算机行业中的术语，指的是一个有意或无意地让你购买它所运行的整个系统的应用程序。——译者注

第十七章
利基策略

当你通过人人都需要的产品或服务来占领一个深度"利基市场"[1]时,你就是运用了这个策略。你要成为一个高品质且独一无二的供应商,提供人人都需要、但其他供应商无法提供的产品或服务。

例如,智能手机用户很快就从电子邮件转向了

---

[1] 指在较大的细分市场中具有相似兴趣或需求的一小群顾客所占有的市场空间。大部分成功的企业一开始都是通过较大市场中新兴的或未被发现的利基市场发展业务。——译者注

短信服务。然而，收发短信需要花费时间和精力，因此当时美国在全国高速公路上普遍禁用短信服务。为了能让智能手机用户与朋友和同事即时、轻松地交流，两家公司迅速开发了新的应用程序，即微信和 WhatsApp。

使用这种应用程序时，用户只需要点击应用程序图标、点击信息发送对象的名字、编辑信息、发送，几秒后，这条信息就可以发送到世界的任何地方。微信问世后，立刻吸引了两亿用户（主要在中国），WhatsApp 则成为世界其他地方的主流语音聊天程序。

创造必需品

另一个可以体现该策略的例子是"收费站战

第十七章
利基策略

略"[1]，即你开发一种产品或服务，某些企业或行业的从业者必须通过它才能充分使用其业务发展或个人生活必需的另一种产品或服务。

举一个我最喜欢的例子——休斯工具公司（Hughes Tool Company）由霍华德·休斯（Howard Hughes）的父亲创立。该公司最先设计、开发并出售金刚石钻头，用于油井钻探。

有一次，有人问霍华德·休斯，真的有必要使用如此昂贵的金刚石钻头吗？他告诉对方，钻井工人有两种选择——休斯金刚石钻头或铁铲。

---

[1] "生态利基"战略中的一种。这种战略的目标是在小领域内获得现实的垄断权，不图虚名，只求实惠，尽量不引人注目，避免别人参与竞争。——译者注

市场营销
MARKETING

几年后,全世界所有的石油钻探公司都只有一个选择,那就是掏钱购买休斯金刚石钻头。因为要想高效地进行石油钻探并节约成本,休斯金刚石钻头必不可少。

🌐 发展特色服务

另一个策略是发展特色技能或服务,这种服务非常重要——人人都需要,且其他人都做不到这种程度。一个典型的例子就是微软公司。它开发了一套办公软件,帮助人们高效办公,并且不断地完善这套软件,增加新的功能,降低价格,最终使其在市场上所向披靡。

微软通过创造这种高效办公所必需的产品,同

第十七章
利基策略

时不断提升质量，降低价格，使比尔·盖茨成为美国首富，坐拥约 720 亿美元的资产（截至 2014 年）。

那么，你要如何为现有的产品重新定位，使它成为人们使用其他产品或服务时的必需品呢？你要怎样用更好、更快、更便宜的产品来占领利基市场呢？

针对这两个问题，你要不断提醒自己，你需要"独特的附加价值"。你要开发并且证明自己的产品或服务包含独特的附加价值，如果客户想获得快乐和满足，就必须使用你的产品或服务。

第十八章

提升销量的创新策略

那么,要如何提高成交量?这里有五个创新策略,或许能够帮助你。

第一,通过调整产品、增加广告、捆绑销售、分类销售、开拓分销渠道,或者降低价格等方式,提高现有产品在现有市场上的销量。在这些方法中,你认为哪些方法可以帮你提高现有产品在当前市场上的销量呢?

第二,在现有市场上,向现有客户出售新的产品或服务。想一想,已有的产品或服务已经形成了

第十八章 提升销量的创新策略

良好的信誉与销售渠道，你还可以做什么来补充这些产品或服务呢？现有客户还有哪些需求与愿望是已有产品或服务无法满足的？为了满足这些需求与愿望，你可以开发新的产品或服务，使之与现有产品与服务形成互补。

记住，5年后，人们购买和使用的80%的产品与服务将不同于今日。现在的产品淘汰速度已经达到了前所未有的水平，而在未来，这个速度还会更快。你必须不断开发新的产品与服务，替代当前市场上已经或即将过时的产品与服务。

第三，将现有的产品打入全新的市场。你可以放眼全国甚至世界，为产品寻找新的目标市场。记住，市场上有80%的潜在客户尚不知道你的产品或服务，也不清楚如果购买了你的产品或服务，他们

的生活境况会得到多大程度的提升。

第四,也是最难实施的策略,即为新市场开发新产品。苹果公司就是典型的为新市场开发新产品的范例,iPod、iPhone与iPad的问世使其一度成为全球最有价值的公司。

另一个典型的例子是Facebook。在不到十年的时间里,它从一种想法发展成拥有十几亿客户的企业,也为许多人创造了大量的财富。

Facebook的问世,源于马克·扎克伯格(Mark Zuckerberg)与伙伴的一个发现:人们迫切地需要一项技术,帮助他们快速有效地与分散在各地的其他人联络、交流。以这个发现为基础,马克·扎克伯格与伙伴有了满足人们这一需求的想法,并推出了Facebook。Facebook不断扩大订阅者的联系范

第十八章
提升销量的创新策略

围,增加联系方式,逐渐成为历史上发展最快、最成功的企业之一。

你必须跳出固有的思维模式,思考根据现有的能力、资源、人力与产能,你能为新的市场开发哪些新产品或服务。

最后一个策略是要找到其他公司生产的优秀产品或服务。对你现有的客户来说,优秀的产品或服务可能是理想的选择。你可以与生产这些产品、服务的公司合作,成立合资企业,建立战略联盟,从而为优秀的产品或服务提供营销渠道,构建自己的营销网络。这是一个低风险、高回报的策略,但一开始可以先以试点的形式推行。

第十九章
使用其他销售方法

产品或服务的销售方法大约有三十种，但一般公司往往只钟情于其中的一到两种方法，并只关注这些方法的应用。如此一来，企业会忽略大量的潜在销售机遇。

如今还有通过互联网销售产品或服务的新方法。此外，还有电话推销，大大小小的零售、直销、批发，商品目录、报纸、特许经营、各级经销商上门推销，电视、广播与通过其他媒体销售（包括移动媒体），以及通过合资企业、战略联盟或商品展销会

第十九章
使用其他销售方法

开拓销路,等等。

每年,数千家企业会通过一种或多种销售方法,出售价值百万甚至数十亿美元的产品或服务。如果一直以来你都在使用相同的一种或两种方法来销售产品,那么只需增加一种新方法,就可能使你的营业额翻倍,让你成为市场领导者。

通过分销渠道发现机遇

分销渠道是商品从你的企业流向最终用户的通道。很多时候,产品进入市场的方法比产品本身更加重要。即使产品或服务已经被淘汰出市场,其分销渠道也不会马上失效。

通过现有的分销渠道,你还可以出售哪些产品?

假如你以网站作为主要的分销渠道，那么除了现有的销售方法之外，你还可以通过互联网使用哪些不同的销售方法？还有哪些分销渠道适用于已有的产品？

如果你对此不清楚，可以看看竞争对手是怎么做的：他们是否使用了不一样的分销渠道？有时，改变分销渠道就有可能使产品或服务在市场上的销量发生显著变化。

除此之外，你还要考虑以下问题。根据现有的分销渠道，你能开发哪些新产品或服务？你所开发的新产品或服务，是否符合现有的产品线？针对新的或者现有的分销渠道，你又能创造出哪些前所未有的产品？

第十九章
使用其他销售方法

🔑 成功案例

多年以来,雅芳一直是全球最成功的化妆品零售企业之一。它的营销方法就是让经销商直接敲开客户的家门,上门推销。当时,"雅芳小姐"[1]们挨家挨户地去进行产品展示,并留下商品目录,接受客户的订单。通过这种方法,雅芳的销售额达到数亿美元。

后来,市场发生了变化,越来越多的女性走进职场。因此,雅芳小姐不再到客户家里去推销,而是带着同样的产品走进了她们的办公室,推销场所从住宅换成了办公与商业场所。

---

[1] 指上门推销雅芳公司产品的销售人员,当时多为女性。

与此同时,雅芳升级并改革了其化妆产品,提升了产品的吸引力,还推出了职业女性乐于购买的珠宝和其他首饰产品。这一系列改变使其逐步成为全球最成功的直销企业。

IBM与戴尔也进行过企业改革,通过在其他公司的零售店出售它们的专卖产品,使自己的销售额增加了数十亿美元。在过去,这两家企业的销售与交付过程一直由自己控制。而通过零售的方式出售产品后,数以百万计的潜在客户接触到了它们的产品,其个人电脑和其他设备的市场渗透率提高了一到两倍。

多年以来,苹果公司的所有产品都直接通过线上和其他零售商店出售产品。后来,苹果公司开始建立自己的线下专卖店,利用最优秀的市场调研成果、照明、布局和技术,为客户提供了当今世界上

第十九章
使用其他销售方法

最具示范性的零售买卖体验。

在苹果实体零售店开张之前,美国纽约的珠宝品牌蒂芙尼(Tiffany)的零售店凭借其令人难以置信的敏感度,以及对顾客满意度和间接销售的关注,以每平方英尺[1]2600美元的盈利成为零售销售收入最高的公司。然而,如今的苹果商店每平方英尺能赚4600美元,它的法宝就是"没有销售的销售"(selling without selling)。

销售流程专业化

你是怎样出售产品或服务的?从通过电子邮件、

---

[1] 1英尺=0.3048米。——译者注

电话或面对面地与客户接触开始,你的销售流程是什么样的?流程中每个阶段的人会提什么问题?说什么话?

在大多数小公司中,每个人在每一次与客户接触时都会"畅所欲言",缺乏一致性或统一性,因此销售业绩很不稳定,缺乏可预测性。但是,随着企业的发展,他们意识到,自己需要一个经过验证的、切实可行的销售流程,在从最初接触客户,到达成交易和产品交付的整个过程,每个人都要遵循这个流程。

大多数成功的企业都非常重视销售活动的专业化。实际上,如果一个企业拥有训练有素的专业化销售人员,而另一个企业虽然有更加优质的产品,但其销售流程随意混乱,那么前者的产品销量会更

第十九章
使用其他销售方法

高，且产品定价也更高。

对你的营销方法（即吸引潜在客户的方法）与销售方法（即让潜在客户下单的方法）略做调整，就有可能显著提高你的产品销量与利润。小作坊与大企业的区别也许就在营销与销售方式上。

在每一家大型企业中，虽然各个分公司的销售人员数量、市场规模和产品价格相同，但总有一些分公司的销售额是其他分公司平均销售额的五到十倍。原因就在于他们对销售人员进行了充分的培训与严格的管理，以保证他们的销售行为具有一致性与可预见性。

第二十章
资源包概念

在所有的营销概念中,最重要的一个是"资源包概念",主要关注人力资源、智力资源与生产资源。就像做智力训练一样,你可以将企业看作一个资源包,除了已有的产品与服务,它还能生产和销售更多的产品与服务。

你可以利用现有的人、技术、设备与财务结构生产哪些新的产品或服务,来吸引新市场上的新客户呢?

将企业视为一个资源包,可以把你的思维从现

第二十章 资源包概念

有的产品或服务上解放出来,进而将注意力放在现在服务的客户与市场上。资源包可以让你通过产品或服务,在其他利润丰厚的市场上分一杯羹。

🔑 全新产品

最能体现这种资源包概念的例子是英特尔公司(Intel)。二十世纪七八十年代,英特尔成为全球电脑芯片的领军企业。当时市面上的每一台设备,无论大小,从烤面包机到洗衣机,几乎都用它的芯片来提升效率。但是后来,韩国人与中国台湾人进入芯片市场,他们生产的电脑芯片要么体积更小,要么更加物美价廉,将英特尔公司逼入紧要关头。

当时,英特尔的员工,包括其总裁安德鲁·格

鲁夫（Andrew Grove），都意识到他们在电脑芯片的市场上已经没有未来了，于是他们决定全面转向电脑微芯片的制造。为此，英特尔需要卖掉此前的芯片制造设备和价值数亿美元的工厂，动用所有资源建造新工厂生产新产品，以适应不断扩大的个人电脑市场。

可以想象，他们遭到了巨大的阻力，既有来自内部工程师和员工的阻力——这样的变革会影响他们的生计，又有来自市场中消费者与竞争对手的阻力。但格鲁夫坚持己见，推行变革。几年后，"Intel Inside"（内有英特尔处理器）成为个人电脑的"黄金标准"，英特尔也成为全球最成功、最赚钱的企业之一。

第二十章
资源包概念

🔑 探索你的选择

也许你需要开创一个新的企业或部门，探索新的可能性，从而开发新的产品或服务，并通过新的分销渠道将它们推向新市场。开放、灵活的思维对市场营销至关重要。很多成功企业现在销售的产品可能完全不同于五年或十年之前的产品——再过五年或十年，他们可能又会销售另一种完全不同的产品。此外，新的产品或服务可能会带来前所未有的盈利机遇。

鉴于此，你可以思考以下问题。当前的趋势如何？市场将向哪个方向发展？当前的客户有哪些需求是你现在尚未满足，但有能力满足的？未来的客户想要什么？你该如何研发新的产品或服务，为将来的客户做好准备？

第二十一章
带来改变的四种方法

无论是在商场还是生活中,有四种方法可以为你带来实质性的改变。

🔑 统筹兼顾,分清主次

这一部分包括可以改变你的生活、改善营销效果的两种方法。简言之,就是提高某些方面的投入,减少另外一些方面的投入。具体如下。

第一种方法,可以"做得更多"。你应该在能为

第二十一章
带来改变的四种方法

你带来最佳结果的事,能有所作为的方面,能为你带来最大销量与利润的活动等方面投入更多。

但令人惊讶的是,很多企业都忽略了这条基本原则。他们花费大量的时间与金钱,推广整个产品线,却没有找到重点产品或服务。如果企业在这些重点产品或服务上投入足够的时间与精力,它们有可能在市场上所向披靡,为企业带来巨大利润。

第二种方法,在其他方面"做得更少"。那么,你应该减少在哪些方面的投入呢?答案很简单,就是那些收效甚微的方面。

企业的生产也可以用二八定律来分析。在企业中,80%的产品或服务只能支撑起20%的销量与利润,很多企业的战略决策是每年停产10%或20%的产品,同时保证每年20%的销量来自新的产品或服务。

市场营销
MARKETING

🔵 拒绝舒适，勇敢尝试

转变销量与营销结果的第三种方法是开始尝试全新的事物。这点最为困难。大多数人都陷在"舒适区"中，无论周围发生什么，他们只想努力待在这个区域。

这可以解释"非我发明"症❶的成因。iPhone 和 iPad 所使用的大部分技术都由诺基亚公司开发，但诺基亚拒绝使用这些技术，因为它担心这会破坏他们现有的业务。

这是市场营销与销售的大忌。企业钟情于他们

---

❶ 指一种文化，在这种文化中的组织单位对不是由内部提出的事物或者不能在内部执行的事物持排斥和憎恶态度。——译者注

第二十一章
带来改变的四种方法

现在已有的产品或服务，抵触可能会蚕食现有业务的其他产品或服务。这正是黑莓与诺基亚失败的原因。每年，世界各地都有不同规模的企业因为这个原因走向衰败。

战略规划师迈克尔·卡米（Michael Kami）曾说："不规划未来，就没有未来。"

为了在市场上生存下去并繁荣发展，你的企业应该怎么做？加里·哈默尔（Gary Hamel）与C.K.普拉哈拉德（C.K.Prahalad）在其经典著作《竞争大未来》（Competing for the Future）中建议，每一家企业都应该对未来的五年做出预测，并制定计划，力求在这五年间统治市场。因此，你应该每五年进行一次这样的预测与规划。

接下来请将你的思绪拉回到现在，并思考一个

市场营销
MARKETING

问题：现在，你应该怎么做，才能在五年内成为行业领军者？

因此，你必须对以下问题进行考虑。

你还需要哪些产品或服务？你还需要哪些技术与能力？你需要增加哪些方面的投入？减少哪些方面的投入？为了在未来五年内成为行业领军者，你现在应该立刻着手做什么？

然而，尝试新事物是一件困难事。因此老子说："千里之行，始于足下。"如果你要开创新事业，第一步往往最艰难。但是，如果你想创造未来，而不是成为未来的牺牲品，就必须迈出这一步。

此外，正如老子所说："千里之行，始于足下。"你"要取得前所未有的成就，就必须做从未做过的努力。你要发展新的技能，提供新的产品或服务，

第二十一章
带来改变的四种方法

努力成为不一样的自己"。

🔑 实践归零思考法

改变市场营销效果与生活的第四种方法是停下手头上的某些事情。很多事情会消耗你的时间和金钱,但它们可能只具有一时的价值,很快就会变得一文不值。受舒适区的影响,很多人浪费了大量时间去做无用功。

正如本文前文所言,当你进行市场营销时,可以尝试归零思考法即思考"就目前的结果来说,如果重新开始,我会改变哪些营销措施?"

思考的内容具体包括,从现在的结果来看,如果重新开始,你不会再向市场推出哪些产品或服务,

不会再用哪些营销或销售措施，不会再参与哪些商业过程，等等。

定期思考这几个问题，可以帮助你不断清理自己的大脑，为接受新的可能性提供空间。很多企业都清楚，如果重新开始，他们不会再为某些事情投入时间与金钱，但令人惊讶的是，他们现在却还在做着这些事。企业如果停留在不可行的陈旧过去上，就无法开发新的产品或服务，也无法采用更适合现在市场的新的营销方法。

那么，了解了这些方法后，你要如何做呢？

第一，开拓创新，拒绝舒适区。拒绝沿着畅通无阻的道路，不断重复过去一直在做的事情；努力寻找更新、更好、更快、更便宜、更简单、更方便的营销与销售方式。第二，努力保持开放的心态，

第二十一章
带来改变的四种方法

接受现实。一定要记住，自己现在在做的东西很快就会被风云变幻的市场与激烈的竞争所淘汰。第三，要接受变化，抓住机遇。当你有了一个想法，立刻赶在他人前面行动。正如棒球运动员萨奇·佩吉（Satchel Paige）所说："不要向后看，否则别人可能会追上你。"

第二十二章
总　结

市场营销是所有商业活动中最令人兴奋的环节，也是影响企业成败的关键。面对全球各地不同程度的信息爆炸、技术爆炸与激烈的竞争，市场营销也在不断变化。

所有的商业策略都是营销策略。你能否制定最优秀的营销策略，并不断调整和升级你的措施，是企业未来发展的关键。

幸运的是，与很多商业技能一样，市场营销也可以通过实践积累经验来学习。关键是你要尝试、

第二十二章
总　结

尝试、再尝试。但是也要记住，无论你如今采用哪种营销策略，无论它的效果如何，它都会很快被淘汰，被新的营销策略所替代。

你的竞争对手决定着你的销量、市场占有率与利润。现在，你面对着一批无比坚定、野心勃勃的竞争对手，你要做的就是比他们更快、更强、更有创造力，不断超越他们，从而获得市场主导权。幸运的是，你有无穷的潜力，除非你为自己设限。

祝你好运！